Neil Armstrong

Astronauta y primer humano en caminar sobre la Luna

Grace Hansen

Abdo

BIOGRAFÍAS: PERSONAS
QUE HAN HECHO HISTORIA

Kids

abdopublishing.com

Published by Abdo Kids, a division of ABDO, P.O. Box 398166, Minneapolis, Minnesota 55439.
Copyright © 2019 by Abdo Consulting Group, Inc. International copyrights reserved in all countries.
No part of this book may be reproduced in any form without written permission from the publisher.
Abdo Kids Jumbo™ is a trademark and logo of Abdo Kids.

052018

092018

 THIS BOOK CONTAINS
RECYCLED MATERIALS

Spanish Translators: Laura Guerrero, Maria Puchol

Photo Credits: AP Images, Getty Images, iStock, NASA, Seth Poppel/Yearbook Library

Production Contributors: Teddy Borth, Jennie Forsberg, Grace Hansen

Design Contributors: Dorothy Toth, Laura Mitchell

Library of Congress Control Number: 2018931844

Publisher's Cataloging-in-Publication Data

Names: Hansen, Grace, author.

Title: Neil Armstrong: astronauta y primer humano en caminar sobre la Luna / by Grace Hansen.

Other title: Neil Armstrong: astronaut & first human to walk on the moon. Spanish

Description: Minneapolis, Minnesota : Abdo Kids, 2019. | Series: Biografías: personas que han
hecho historia | Includes online resources and index.

Identifiers: ISBN 9781532180392 (lib.bdg.) | ISBN 9781532181252 (ebook)

Subjects: LCSH: Armstrong, Neil, 1930-2012--Juvenile literature. | Astronauts--United States--
Biography--Juvenile literature. | Space flight to the moon--Juvenile literature. | Project
Apollo (US)--Juvenile literature. | Spanish language materials--Juvenile literature.

Classification: DDC 629.45--dc23

Contenido

Primeros años

Neil Armstrong nació el 5 de
agosto de 1930. Nació cerca de
Wapakoneta, Ohio.

Ohio

Neil era muy inteligente. Su interés por volar comenzó ya de niño. Obtuvo su licencia de piloto a la edad de 16 años.

En 1947, Neil empezó la universidad. Asistió a la Universidad de Purdue. Estudió **ingeniería aeronáutica**.

9

Ingreso en la NASA

Neil sirvió en la Marina mientras
terminaba la universidad. Luego,
consiguió un trabajo con el
NACA que más tarde se convirtió
en la NASA. Trabajó como piloto
de pruebas e ingeniero.

10

11

Familia

En 1956, se casó con su primera esposa Janet Shearon. Juntos tuvieron tres hijos. La familia se mudó a Houston, Texas en 1963. Allí Neil se unió al programa de astronautas.

Sus misiones a la Luna

El 16 de marzo de 1966 Neil tuvo su primera misión. Fue el comandante en el Gemini VIII. Estuvieron en órbita durante 11 horas.

15

La mejor misión de Neil llegó en 1969. El 16 de julio Neil y otros dos otros hombres eran enviados al espacio. Neil era el comandante de la misión. Dirigió el **módulo** hasta la superficie de la Luna.

17

A las 10:56 p.m. del 20 de julio Neil salió del **módulo** y dijo: "Es un pequeño paso para el hombre, pero un gran salto para la humanidad". ¡Era el primer hombre en pisar la Luna!

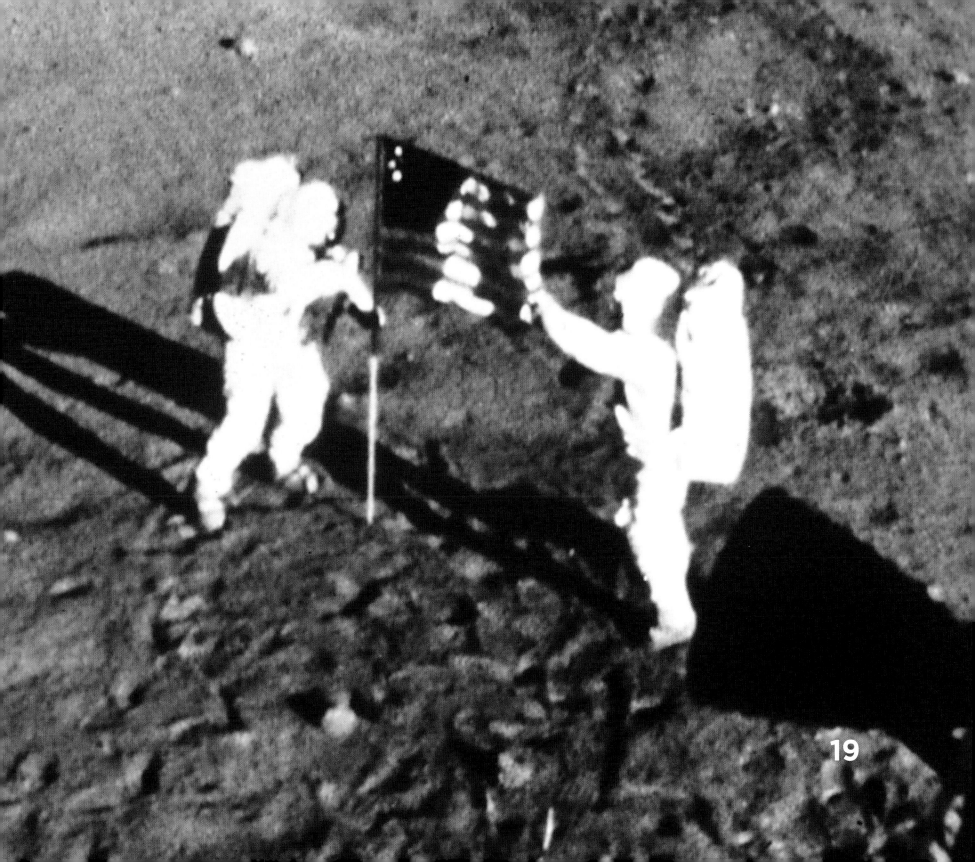

19

Los últimos años

Neil trabajó en la **NASA** hasta 1971. Más tarde se convirtió en profesor de universidad. Neil murió el 25 de agosto de 2012, a los 82 años.

21

Línea cronológica

Neil empieza sus estudios en la Universidad de Purdue.

Neil se casa con su primera esposa Janet. Tienen 3 hijos y luego se divorcian. En 1994 se casa con su segunda esposa Carol.

16 de marzo
Neil es el comandante en el Gemini VIII.

25 de agosto
Neil muere a los 82.

1947   **1956**   **1966**   **2012**

1930   **1955**   **1962**   **1969**

5 de agosto
Neil Armstrong nace cerca de Wapakoneta, Ohio.

Neil consigue un trabajo en el NACA como piloto de investigación.

Neil se une al programa espacial de la NASA.

20 de julio
Armstrong es el primer hombre en pisar la Luna.

Glosario

Gemini VIII – misión planeada para tres días en la que dos naves espaciales (Gemini y Agena) se pusieron en órbita por primera vez. Una emergencia causó que Armstrong se desacoplara y terminara temprano la misión.

ingeniería aeronáutica – campo de la ingeniería que se centra en el desarrollo de aeronaves y naves espaciales.

módulo – sección de una nave espacial que puede desconectarse de la estructura principal y llevar a cabo ciertos trabajos.

NACA – siglas en inglés para el Comité Consultivo Nacional de Aeronáutica (1915-1958).

NASA – siglas en inglés para la Administración Nacional de Aeronáutica y Espacio (1958-presente).

Índice

Abdo Kids ONLINE
FREE! ONLINE MULTIMEDIA RESOURCES

¡Visita nuestra página abdokids.com y usa este código para tener acceso a juegos, manualidades, videos y mucho más!

Código Abdo Kids:

HNK4282